0
nul

sıfır

10
tien

on

20
twintig

yirmi

30
dertig

otuz

40

veertig

kırk

50

vijftig

elli

60

zestig

altmış

70

zeventig

yetmiş

80

tachtig

seksen

90

negentig

doksan

100

honderd

yüz

1000

duizend

bin

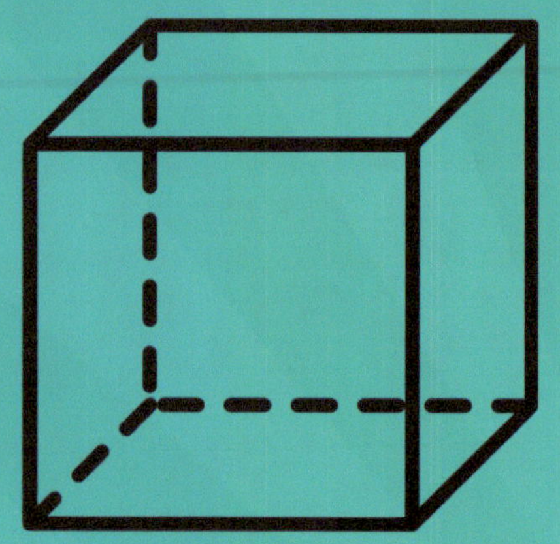

kubus

küp

blok

blok

ijsblokje

buz küpü

karamel

karamel

suiker

şeker

dobbelstenen

zarlar

geschenkdoos

hediye kutusu

kartonnen doos

karton kutu

bol

küre

ijsschep

dondurma topu

parel

inci

bubbel

baloncuk

knikkers

misketler

planeet

gezegen

sneeuwbal

kartopu

tennisbal

tenis topu

cilinder

silindir

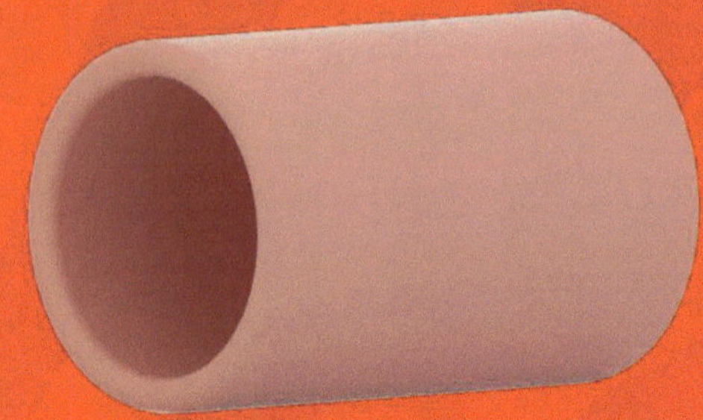

buis

tüp

batterijen

piller

draadspoel

iplik makarası

kaneel

tarçın

deegroller

oklava

worst

sosis

hooibaal

saman balyası

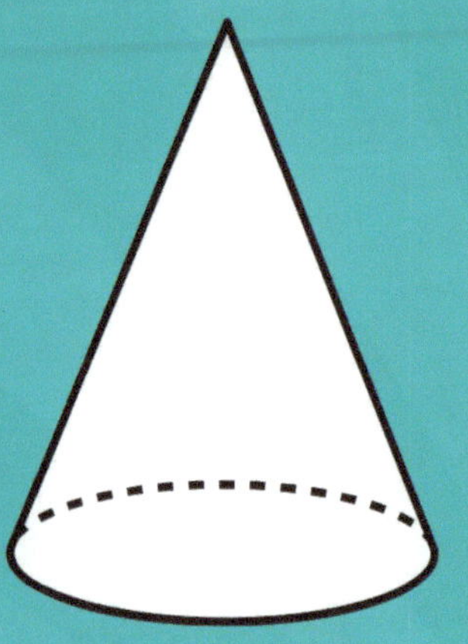

kegel

koni

wegkegel

trafik konisi

ijshoorntje

dondurma külahı

heksenhoed

cadı şapkası

kerker

zindan

spar

köknar ağacı

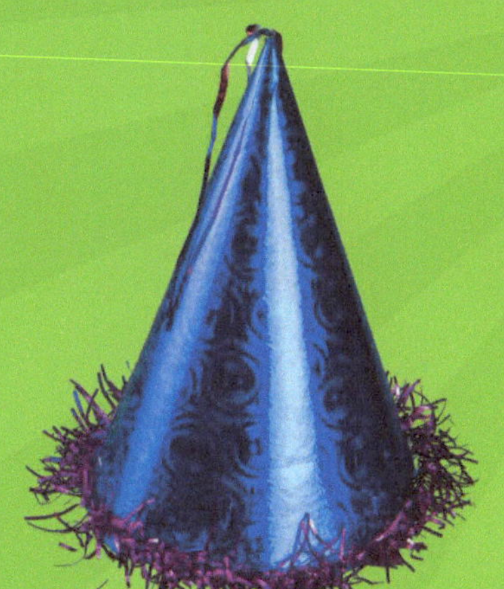

feesthoed

parti şapkası

slak

salyangoz

braambes

böğürtlen

bes

frenk üzümü

clementine

klemantin mandalina

durian

durian meyvesi

drakenfruit

ejder meyvesi

jackfruit

jak meyvesi

stervrucht

yıldız meyvesi

asperge

kuşkonmaz

radijs

turp

rode boon

kırmızı fasulye

raap

şalgam

cassave

manyok

yam

tatlı patates

kikkererwten

nohut

adelaar

kartal

vleermuis

yarasa

bever

kunduz

flamingo

flamingo

raaf

kuzgun

merel

karatavuk

pimpelmees

mavi baştankara

ekster

saksağan

zwaluwvogel

kırlangıç kuşu

leeuwerik

tarla kuşu

parkiet

muhabbet kuşu

specht

ağaçkakan

pauw

tavuskuşu

papegaai

papağan

toekan

tukan

ooievaar

leylek

koraal

mercan

zeeanemoon

deniz anemonu

zee-egel

denizkestanesi

zeepaardje

denizatı

clownvis

palyaço balığı

goudvis

Japon balığı

krab

yengeç

heremietkreeft

münzevi yengeç

dolfijn

yunus

narwal

denizgergedanı

octopus

ahtapot

inktvis

kalamar

walvishaai

balina köpek balığı

orka

katil balina

blauwe vinvis

mavi balina

witte dolfijn

beyaz balina

hamerhaai

çekiç kafalı köpekbalığı

witte haai

beyaz köpek balığı

citroenhaai

limon köpek balığı

tijgerhaai

kaplan köpek balığı

sprinkhaan

çekirge

rups

tırtıl

schorpioen

akrep

hagedis

kertenkele

dinosaurussen

dinozorlar

zwart haar

siyah saç

rood haar

kızıl saç

bruin haar

kahverengi saç

blond haar

sarı saç

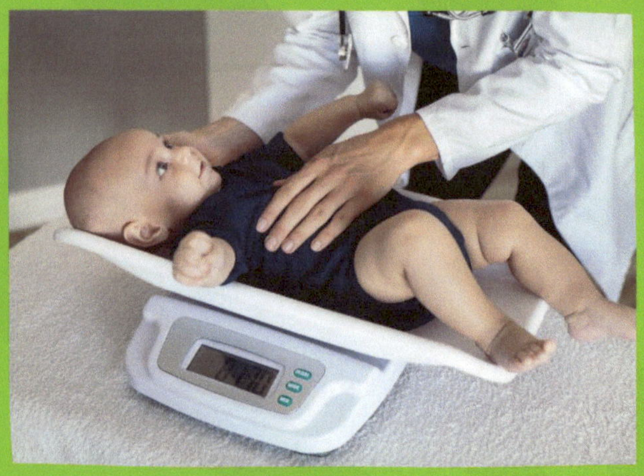

weegschaal

ölçek

ziekenhuis

hastane

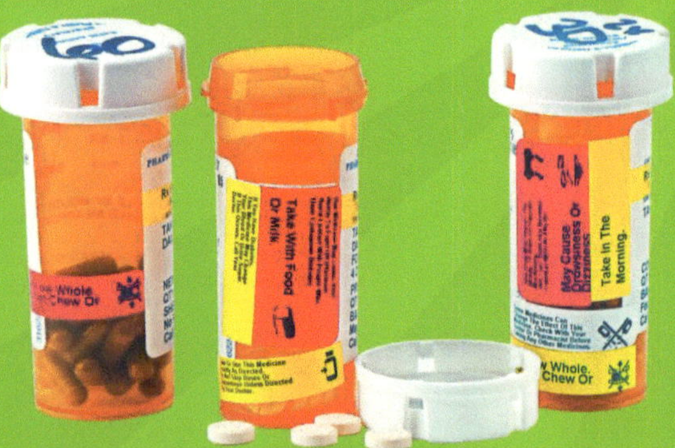

medicijn

ilaç

thermometer

termometre

verband

sargı

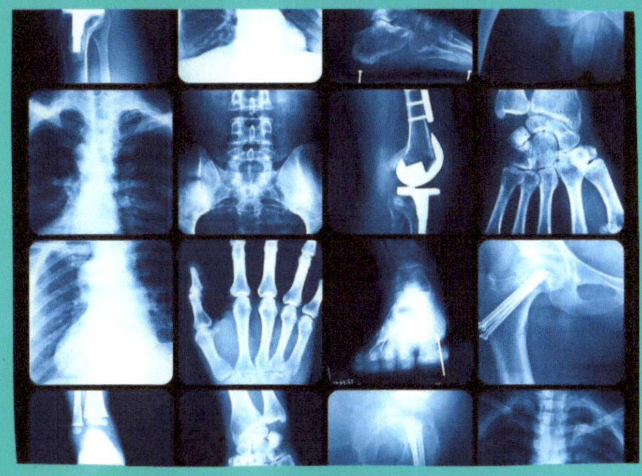

röntgenfoto

röntgen

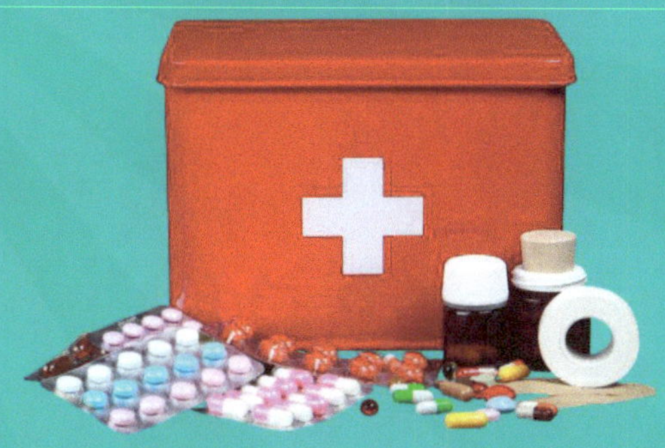

dokter

doktor

EHBO-kit

ilk yardım çantası

spelen

oynamak

tekenen

çizmek

tellen

saymak

schrijven

yazmak

dansen

dans

zwemmen

yüzme

skiën

kayak yapmak

basketbal

basketbol

tennis

tenis

tafeltennis

masa tenisi

voetbal

futbol

paardrijden

binicilik

ijshockey

buz hokeyi

judo

judo

boksen

boks

hardlopen

koşu

honkbal

beyzbol

cricket

kriket

rugby

ragbi

volleybal

voleybol

maracas

marakas

tamboerijn

tef

xylofoon

ksilofon

viool

keman

piano

piyano

gitaar

gitar

cello

çello

harp

arp

trommel

davul

djembé

djembe

drumstel

bateri seti

trompet

trompet

hoorn

korno

saxofoon

saksafon

fluit

flüt

koptelefoon

kulaklık

zingen

şarkı söylemek

bladmuziek

nota

microfoon

mikrofon